AF338395

DU SANCTUAIRE

DE

N.-D. DE L'ANNONCIADE

ET

DE L'ORIGINE

DE MENTON

MENTON

IMPRIMERIE J.-V. ARDOIN, RUE DU CASTELLAR, 1.

—

1868

Au sommet d'une riante colline qui sépare la vallée de Careï de celle de Bouirig, à une demi-lieue de Menton, s'élève une antique chapelle dédiée à N.-D. de l'Annonciation. Cette colline est aujourd'hui encore désignée sous le nom de *Pépin*, bien que celui d'*Annonciade* ait, dans ces dernières années généralement prévalu. A défaut d'autres preuves historiques, ce nom seul de Pépin et la tradition orale avaient suffi pour accréditer l'opinion que cet endroit ait été occupé au XI° et au XII° siècles par un hameau mentionné dans les anciennes chartes sous les noms de *Podium Pinum* en latin, de *Poipino* en italien, et de *Puypin* en français, ce qui signifie *collines des pins.*

Nos connaissances n'allaient pas plus loin, et nos grands-pères eux-mêmes ne semblent s'être jamais douté que ce *Podium Pinum* fût le berceau de la ville de Menton. Quelques phrases d'un ancien manuscrit, tombé cette année dans mes mains, donnèrent l'éveil à ma curiosité, et des recherches immédiatement dirigées dans ce but, à travers les chroniques du moyen âge, ne tardèrent pas à jeter une lumière suffisante sur cette découverte. En soulevant le voile épais et lourd qui couvre depuis des siècles l'origine de mon pays, j'ai senti les émotions d'un intérêt d'autant plus profond que la pensée de ce berceau n'est pas séparable, pour moi, de celle de la tombe. (1)

Je vais mettre sous les yeux de mes compatriotes et des personnes qui s'intéressent aux recherches historiques les documents qui concernent *Podium Pinum* et l'origine de Menton. Une partie de ces documents est due à la coopération bienveillante de M. le professeur Rossi (2), de Vintimille, l'homme, sans contredit, le plus compétent, dans nos pays, sur ces matières, auquel je suis heureux de témoigner ici mon amicale reconnaissance.

(1) Voir la note 26.
(2) Le chev.ᵣ Jérôme Rossi, auteur des ouvrages suivants : *Quadro storico della città di S. Remo*, 1856 ; — *Storia della città di Ventimiglia*, 1859; — *Storia del Marchesato di Dolceacqua*, 1862 ; — *Sulla Fondazione di Airole*, 1864 ;— *Il Principato di Monaco*, 1864 ; etc.

I.

Il importe d'établir avant tout qu'il existait au moyen âge deux *Podium Pinum* liguriens : l'un situé à l'Est, l'autre à l'Ouest de Vintimille.

Le premier se trouve mentionné près de San Remo, Ceriana et Bajardo, en 1130, dans les annales de Caffaro, et en 1131 dans une Charte conservée aux archives de Turin. On croit que c'était le village appelé maintenant *la Colle de San Remo*, situé sur le promontoire qui porte aujourd'hui encore le nom de *Capo-pino*.

L'autre est celui qui nous occupe. Divers documents insérés dans le *Liber Jurium* de la ville de Gênes le mentionnent dès 1146 (3), et semblent déterminer suffisamment sa situation dans le territoire actuel de Menton ; ainsi, le 30 juillet 1157, Guido Guerra, comte de Vintimille, fait donation à la République Génoise *des châteaux de Roquebrune, Gorbio, Podium Pinum et Castillon* (4), et le 5 septembre 1177, Othon, comte de Vintimille, en confirmant la donation de ces mêmes

(3) *Lib. Jur. Docum.* cxxi, cxxii, cxxiii.
(4) *Lib. Jur. Docum* ccxxvii.

châteaux, *cum curiis et pertinentiis ipsorum,* les reçoit à titre de fief par la République (5).

Les mots, *cum curiis et pertinentiis,* indiquent la présence à Puypin d'un curé ou recteur ecclésiastique, ce qui, du reste, est placé hors de toute contestation par une bulle du pape Luce III. En effet, le 8 juin 1182, ce Souverain-Pontife accorde aux chanoines de la cathédrale de Vintimille *la totalité des dîmes de l'église de Sainte-Marie de Carnolès, de Latte et d'Agerbol,* où il n'y avait que de simples chapelles, tandis qu'il leur accorde *la moitié seulement des dîmes de Podium Pinum* (6), ce qui s'explique en pensant que l'autre moitié était réservée à un prêtre qui avait à Puypin charge d'âmes, et y tenait les fonts-baptismaux dont nous aurons à parler plus tard (7).

(5) *Lib. Jur. Docum* CCCXV.

(6) « *Privilegio communimus Ecclesiam Stæ-Mariæ de Carnolese* « *cum omnibus pertinentiis suis, medietatem decimæ Podii Pini,* « *decimam quam habetis in braida Comitis de Carnolese et deci-* « *mam quam habetis in Lacte, et quidquid habetis in Agerbol* « *aut in ejus territorio.* » *Bull. S. P. Lucii III apud Rossi Stor. di Vent.* — Ce comte de Carnolès n'était autre qu'un membre de la famille des comtes de Vintimille, dont le petit État, morcelé en plusieurs fiefs, donnait lieu à autant de titres distincts. — Quant au mot *braida,* de la basse latinité, il signifiait *champ, propriété,* et plus spécialement *vaste plaine où les citoyens se livraient aux exercices militaires et au tir de l'arc.*

(7) Voir plus loin, pag. 19 et 20.

Puisque nous venons de nommer Carnolès, nous pouvons ajouter ici qu'en 1061, Rainaldo des comtes de Vintimille donna au monastère de Lerins *un bien-fonds situé au lieu de Carnolès et sur la montagne de St-Martin, avec tout ce qu'il avait acquis de Thomas, évêque de Vintimille, dans la vallée de Carnolès* (8). Un autre comte de Vintimille, Conrad et Odila son épouse, donnèrent également, le 16 mars 1082, au même monastère, l'Eglise du Cap-Martin : *Ecclesiam santi Martini in comitatu Vintimiliense, in valle Carnolense* (9). Enfin le domaine des moines de Lerins s'étendit jusqu'à Garavan et jusqu'aux Cuses lorsque, par acte d'échange passé le 24 février 1177, le comte Othon céda ces localités à Laugier, abbé de Lerins, contre des propriétés situées dans les environs d'Albenga (10). Parmi les témoins de cet acte on remarque Beraldo, prieur de Carnolès.

(8) Ex Arch. monast. Lerin., apud Gioffredo, *Stor. Alp. Mar.*
(9) Ex Cartul. monast. Lerin., apud Gioffredo, *op. cit.*
(10) «........ *et invicem recepit Domnus Laugerius, Lirinensis*
« *abbas, causâ commutationis ab eodem Domno Othone Comite,*
« *braidam totam de Clusa ad Gamararii, cum toto hoc quod poterit*
« *abbas, et Beraldus, prior Carnolesii, invenire per circuitum*
« *quod fuisset unquam de ipsa braida et quod pertineat ei, et*
« *medietatem de prato Ventimilii ultra pontem, scilicet totam*
« *portionem prædicti Domni Othonis Comitis, etc.* »—*Ex Archiv.*

II.

Par tout ce qui précède on voit qu'aux XIe et XIIe siècles il ne manque pas de documents qui signalent l'existence, aux environs de Menton, non seulement de Roquebrune, de Gorbio et de Puypin, mais encore d'une Église au Cap-Martin, d'une autre à Carnolès, et même des quartiers de Garavan, des Cuses et de Latte, tandis que Menton lui-même n'est jamais nommé. Il est naturel d'en conclure qu'à cette époque il n'existait pas. Ce n'est que vers 1250 que l'on voit Menton apparaître pour la première fois ; mais il peut être curieux de reproduire ici les conjectures qui ont été hasardées pour lui assigner une origine beaucoup plus ancienne.

A la mort de Néron, deux compétiteurs, Othon et Vitellius, se disputaient l'empire. Une sanglante bataille eut lieu l'an 70 dans nos contrées, après laquelle les Othoniens se livrèrent à toute sorte de ravages et de cruautés. Les historiens ne sont pas d'accord sur l'en-

monast. Lerin., apud Gioffredo, op. cit. — Il n'est pas douteux que les mots de Clusa ad Gamavarii, ne signifient depuis les Cuses usqu'à Garavan, malgré l'altération profonde subie en 700 ans par ce dernier mot, et la terminaison bizarre de cet accusatif.

droit précis où se livra cette bataille : quelques-uns la placent entre Nice et le Var, d'autres aux pieds de l'Esterel, d'autres ailleurs. Le P. Pierre Antoine Bojer, de l'ordre de St François, auteur en 1575 d'une histoire manuscrite des environs de Nice citée par Gioffredo, a émis l'opinion que cette bataille eut lieu dans la plaine de Carnolès, dont le nom dérive, dit-il, de *carnis læsio*, carnage, comme celui de Menton de *memoria Othonis*. Rien ne confirme cette conjecture, et la configuration du terrain se prête assez mal à l'idée d'une bataille.

L'Itinéraire d'Antonin indique, sur la voie *Julia Augusta*, une station nommée *Lumone* entre Vintimille et la Turbie. D'après les endroits où ont été trouvées diverses pierres milliaires, et d'après les chiffres même de l'Itinéraire corrigés par le comte de Cessoles (11), il faut placer ce *Lumone* au Cap-Martin. C'est-là en effet, à droite de l'ancien chemin qui conduit à Monaco, qu'on voit les ruines d'un monument romain appartenant au genre appelé *Opus reticulatum* (12).

(11) *Notisie sulla via Giulia Augusta,* inséré dans les *Mémoires de l'Académie R. des sciences de Turin,* 1843, vol. v, série 2.

(12) Voir la description de ces ruines et leur situation, dans l'ouvrage de M. de Longpérier-Grimoard, intitulé *l'Hiver à Menton,* pag. 35-39.

Rien n'indique, du reste, que *Lumone* ait jamais été ni une ville ni un village; aucun lien ne le rattache à Menton, si ce n'est une proximité qui est venue s'établir à mille ans de distance; et quelques mots du docte annotateur de l'Itinéraire d'Antonin ne laissent aucun espoir à des recherches ultérieures (13).

Une dernière conjecture s'appuie sur la tradition populaire. Un chef de forbans, nommé Anna, provenant de Lampedouse, petite île située entre Malte et l'Afrique, serait venu, vers la fin du VIIIe siècle, s'établir sur la colline où Menton est bâti, et aurait donné aux deux premières rues les noms de *Capo Anna* et de *Lampedousa* qu'elles portent encore aujourd'hui. Au lieu d'un fait historique, je ne vois ici que les noms inexpliqués de deux vieilles rues qui ont donné lieu à la création d'une légende. On n'avait pas besoin, d'ailleurs, d'un chef nommé Anna; dans la langue franque, alors parlée sur toutes les côtes de la Méditerrannée, les mots *carriera capouana* signifient très-clairement *rue principale;* d'un simple adjectif on a fait plus tard deux

____

(13) « *Nulli alii hæc dicta est, quod resciscere quiri; nec, numeris parum sanis, ulla auxilii spes et manuscriptis est.* » — Weisselingius, in *Itin. Anton.*, voce *Lumone.*

substantifs, mais c'est *capouana* qu'il faut écrire et non pas *Capo Anna*.

Il nous reste à exposer notre version même sur l'origine de Menton ; elle paraît plus conforme aux documents historiques et plus satisfaisante.

III.

Nous avons vu que le comte Othon de Vintimille possédait, en 1177, pour sa portion d'héritage, les châteaux de Roquebrune, Gorbio, *Podium Pinum* et Castillon avec leurs dépendances, plus Garavan et les Cuses. Il céda ces deux quartiers au Monastère de Lerins, mais il garda le reste à titre de fief de la République Génoise. Il faut croire que parmi les dépendances de Puypin se trouvait la colline sur laquelle Menton fut plus tard bâti, et que l'on trouve désignée dans quelques chartes de cette époque sous les noms de *mons Othonis*, colline d'Othon, en l'honneur du maître qui y avait peut-être son château (14). M. le professeur Rossi pense,

(14) C'est ainsi que Rainaldo, des comtes de Vintimille, donna son nom au village de Perinaldo, appelé *Podium Rainaldi* dans les vieux manuscrits.

avec raison, que c'est bien là l'étymologie de Menton, et si nous avions sous les yeux les manuscrits originaux du XIII° siècle je ne serais pas étonné d'y lire *Montone* qui dégénéra bientôt en *Mentone* (15). Cette colline resta attachée à Puypin lorsque Garavan et les Cuses furent aliénés, ce qui se trouve précisément conforme à la délimitation territoriale de la commune de Menton, dont les bornes à l'Est ont toujours été à Garavan jusqu'en 1860; fixation de limites qui daterait ainsi de l'an 1177.

Mais la colline d'Othon n'était pas alors habitée; elle l'était 70 ans plus tard; c'est donc dans cet intervalle qu'il faut placer l'origine de Menton.

Notre version, appuyée sur un manuscrit authentique qui est la cause première de cet opuscule, et dont nous parlerons bientôt avec détail (16), consiste à ne voir dans la fondation de Menton qu'un déplacement

(15) Je venais à peine d'écrire ces lignes, lorsque M. Rossi me communiqua la précieuse découverte suivante, qui ne permet plus aucun doute au sujet de notre prévision : « Dans l'acte de « vente des lieux d'Oneille, Bestagno, Pontedassio, etc. , faite le « 30 janvier 1298, par Nicolas évèque d'Albenga, à Nicolas et « Frédéric Doria, se trouvent nommés comme témoins *Rillus de* « *Ugolinis, D. Bartolomœus Auria* et BENEVENTUS DE MONTONE, *notarius.* » — Manuscrit appartenant à M. le marquis J. B. Doria de Dolceacqua.

(16) Voir plus loin, pag. 19 et 20.

de Puypin. Les habitants de ce village attirés par la proximité de la mer et par une situation plus avantageuse pour la pêche et pour le commerce, auraient transporté leurs Pénates sur la colline d'Othon ; d'autant plus, que presque tous les habitants des côtes de la Méditerranée, qui avaient dû, à l'époque des Sarrasins, se retirer sur les hauteurs ou dans les vallées abritées, purent se rapprocher du rivage dès que la sécurité commença à renaître dans les esprits. Nous ne pensons pas nous tromper de beaucoup en disant que cette migration dut avoir lieu entre les années 1200 et 1230.

Cet événement, qui ne manquait certes pas de précédents analogues, devait avoir, deux siècles plus tard et dans nos environs même, des imitateurs : je veux parler du Castellar (17). On voit encore aujourd'hui les ruines du vieux Castellar haut perchées dans la montagne

(17) Une convention eut lieu, le 30 septembre 1435, entre Louis et Henrion Lascaris, seigneurs de Gorbio et du Castellar, d'un côté, et les habitants du vieux Castellar, de l'autre, en vertu de laquelle il fut permis à ces derniers de transporter le village en un endroit plus commode, sur la colline de St-Sébastien, et d'y bâtir à leurs frais, dans l'espace de cinq ans, vingt-neuf maisons de la même hauteur et largeur, de les fortifier par une enceinte extérieure, et de les habiter avec leurs familles en hommes liges et féaux sujets. — *Monum. familiæ de Lascaris*, *apud* Gioffredo, *op. cit.*

parmi les rochers gigantesques et presque inaccessibles avec lesquels on les confond de loin ; s'il n'en est pas ainsi des ruines de *Podium Pinum*, dont toute trace a disparu, cette différence est due aux conditions bien autrement avantageuses du terrain, aussitôt défriché et envahi par la culture de l'olivier, de la vigne et du citronnier.

La migration des habitants de Puypin sur la colline d'Othon ne fut pas, du reste, aussi complète ni aussi rapide que celle des habitants du Castellar. Avant l'abandon définitif de l'aînée, près de cent ans devaient se passer pendant lesquels les deux villes-sœurs ne formèrent en quelque sorte qu'un seul pays, soumis aux mêmes Seigneurs et traversant les mêmes destinées (18).

IV.

La première apparition de Menton dans l'histoire est du 5 décembre 1251. A cette date, *Podium Pinum* et

(18) M. Léon Ménabréa, dans un *Mémoire historique sur Monaco, Menton et Roquebrune*, publié par ordre du Gouvernement Sarde, d'après les documents originaux des Archives du royaume, 1850, semble avoir entrevu, avant nous, la vérité, en disant que « la « seigneurie de Menton était plus spécialement désignée, dans « les anciens titres, sous le nom de son principal château, *Podium* « *Pinum*, aujourd'hui complètement détruit. »

Menton appartenaient déjà aux Vento, nobles seigneurs Génois ; et comme la République de Gênes prétendait y avoir droit de juridiction, un procès-verbal d'audition de témoins fut dressé, et ceux-ci attestérent que « les lieux de *Podium Pinum* et de Menton étaient de « la seigneurie de Guillaume Vento, que les bourgeois « et habitants étaient ses justiciables ; qu'il était en droit « et en possession d'y établir des gouverneurs et des « châtelains qui y rendaient en son nom la justice, « connaissaient les affaires tant civiles que criminelles, « avaient plein pouvoir et autorité sur les dits habi-« tants et bourgeois, percevaient les tailles, les impo-« saient, et punissaient selon l'exigence les délits et « contraventions aux ordonnances de Guillaume Vento ; « enfin, qu'ils n'avaient jamais entendu dire que la « communauté de Gênes eût eu ou fût en droit d'avoir « aucune juridiction sur les habitants et bourgeois de « *Podium Pinum* et de Menton (19). » Quoi qu'on puisse penser de ces assertions, la seigneurie des Vento fut encore reconnue dans la convention signée à Aix, le 22 juillet 1262, entre Charles d'Anjou et les dépu-

(19) Catalogue manuscrit des *Pièces des anciennes Archives de Monaco*, auprès de M. Désiré Millo.

tés de Gênes, pour fixer les limites de la République et de la Provence ; on y lit : *Mentonum et Poipinum quos possidet Guillelmus Vento, possideat Guillelmus Vento et successores* (20).

Ce Guillaume Vento acheta en outre l'année suivante le château de Castillon de Charles d'Anjou, et s'attacha à la fortune de ce Prince, qu'il accompagna en 1265 à la conquête du Royaume de Naples. Il donna en 1290 à la ville de Menton des Statuts, divisés en 33 chapitres, dont lecture fut faite *in pleno parlamento* (21), et mourut vers 1302.

Les péripéties de Menton sous la domination des Vento d'abord, et des Grimaldi ensuite, Seigneurs de Monaco, pourraient former le sujet d'une histoire que je raconterai peut-être un jour à mes concitoyens. Disons ici seulement que dès 1274, Menton eut son château qui résista aux troupes d'Ansaldo Spinola envoyées par la République, pour s'en emparer ; et qu'en 1311 on trouve mentionnée l'Eglise de St-Michel, dans laquelle les habitants de Menton prêtèrent à Antoine Vento serment de fidélité.

(20) *Ex Arch. Niciens. Nostrad.*, apud Gioffredo, *op. cit.*
(21) *J. B. l'Hermite de Souliers*, dans l'ouvrage qui a pour titre *La Ligurie Française* (1657), art. *Vento.*

Quant à *Podium Pinum*, je le vois paraître pour la dernière fois en 1216, lorsque Georges Vento, chassé de Menton par la faction contraire, fut réintégré, avec l'aide de Percivalle Doria, dans sa Seigneurie de Menton et de Puypin. A dater de cette époque il faut croire que ce village fut complètement abandonné, puisqu'il n'est même pas nommé dans l'acte important par lequel Emmanuel Vento (22) et ses neveux vendirent, en 1346, tous leurs droits sur Menton à Charles Grimaldi, Seigneur de Monaco.

V.

Rien n'était resté, je ne dirai pas de l'antique splendeur mais de l'existence de Puypin, si ce n'est une

(22) Cette famille se partagea en quatre branches, établies en Sicile, à Gênes, à Menton et à Marseille. Cette dernière était représentée, à la moitié du dernier siècle, par les marquis de Pennes. Les Vento de Menton, bientôt tombés dans une modeste médiocrité, apparaissent fort nombreux et subdivisés dans les registres paroissiaux, depuis 1530 jusqu'à 1766. A cette date mourut l'avocat Pierre-Félix Vento, qui, ayant fait annuler à Rome, dix ans auparavant, son mariage avec Madeleine Tiberti, ne laissa point de postérité. Un huissier envoyé de Monaco se promenait sous les fenêtres du moribond, monta chez lui dès qu'il eut expiré, et s'empara, au nom du Prince, de tous les papiers de la famille. L'abbé J.-B. Vento, frère de l'avocat, mourut en 1780.

humble chapelle isolée au sommet de la colline. La piété des Mentonnais ne l'abandonna pas. C'est à N.-D. de l'Annonciade qu'avaient recours les malades, les matelots, les personnes subitement exposées à un danger de mort. Les nombreux *ex voto*, grossièrement peints et suspendus depuis des siècles dans la chapelle, n'attestent pas moins la foi des habitants que les grâces obtenues par l'intercession de la Ste-Vierge. La tradition raconte que vers 1660, une sœur de Louis Ier, prince de Monaco, affligée d'une maladie horrible, la lèpre, fit de fréquents pèlerinages à N.-D. de Pépin, et dut à ses prières la guérison. En reconnaissance, cette Princesse fit bâtir les quinze niches ou petites chapelles qui bordent le sentier de Pépin et sont dédiés aux quinze mystères du Rosaire ; quoique en ruines, elles servent aujourd'hui encore de stations aux personnes pieuses qui montent à l'Annonciade en récitant le chapelet.

La grâce obtenue par la Princesse attira davantage encore les regards vers Pépin : la dévotion mentonnaise s'en accrut d'autant. En 1694, douze prêtres de Menton formèrent le projet d'établir à Pépin une retraite religieuse ou Congrégation ; ils demandèrent au Prince et obtinrent l'autorisation de faire restaurer et agrandir la chapelle et de bâtir latéralement des chambres pour les loger. C'étaient les abbés suivants : Jean-Jérôme de Villarey, mort en 1700 ; — N. N. Sangiorgio ; — N. N. Blea ; — François de Monléon, mort en 1712 ; — Jacques-Antoine Preti, mort en 1718 ; — N. N. Barriera ; — Hippolyte Fornari ; — Etienne Marenco, mort en 1727 ; — N. N. Isoardi ; — Joseph Vento, mort curé de Monaco, en 1737 ; — N N. Rostagno ; — Nicolas Capponi, mort en 1747.

Les travaux commencèrent le 7 janvier 1695, et la première pierre fut posée le 29 janvier 1696, par le parrain Alexandre Preti, qui devait cinq ou six ans après ajouter à son nom celui de St-Ambroise, et par Antoinette Rostagno, marraine.

Cependant, une contestation s'éleva tout aussitôt entre les prêtres de la Congrégation, d'un côté, qui prétendaient aux droits de quête, de *jus patronatus* et d'*officiatura*, et le curé de Menton, de l'autre côté, qui revendiquait tous ces droits pour la paroisse. J'ai sous les yeux deux longs Mémoires manuscrits (23) adressés au Prince, où se trouvent développés les nombreux arguments appor-

(23) *Scritture concernenti il Santuario di Pepino.* — Ces papiers précieux appartiennent au propriétaire actuel de Pépin, M. Ch. de Monléon, maire de Menton.

tés par les deux parties au soutien de leur cause. Un de ces arguments nous a frappé de l'étonnement le plus profond : c'est celui qui nous a mis sur la voie de nos recherches historiques, et fourni le sujet du présent opuscule. Il se trouve dans le Mémoire du curé, et nous allons le traduire littéralement, en laissant à la phrase toute son allure italienne.

« La tradition et la voix publique assurent, ainsi
« que quelques personnes peuvent se trouver encore
« qui l'aient entendu raconter par les vieillards, que la
« chapelle de Pépin fut anciennement la paroisse de ce
« même lieu de Menton, qui était autrefois là-haut, et
« que le pied du baptistère existait dans la petite cha-
« pelle latérale du côté de l'Epître, comme on peut voir
« encore aujourd'hui, dans le cas où il n'ait pas été dé-
« truit par les prêtres de la Congrégation, depuis que le
« curé prédécesseur leur accorda la clef demandée par
« l'abbé Nicolas Capponi, pour faire des prières dans la
« chapelle susdite. Cette tradition est confirmée en
« outre par les ossements trouvés sous la chapelle par
« le même curé prédécesseur, à une époque où il fit
« exécuter des travaux ; et comme avant la paroisse ac-
« tuelle il y en avait une autre à Menton, de même
« avant celle-ci la paroisse était à Pépin, et fut ici-bas
« transportée. »

Ces allégations ne sont qu'assez faiblememt combattues dans la réplique des prêtres de la Congrégation ; voici leurs paroles : « Le témoignage du curé antécédent « n'a aucune valeur, parce qu'il est oncle de l'actuel « (24) ; il n'existe dans la chapelle aucune trace de bap- « tistère ; la distance de Menton à Pépin rend invrai- « semblable la paroisse là-haut ; l'actuelle Eglise pa- « roissiale de Menton a été bâtie il y a soixante ans sur « l'emplacement même de l'ancienne, avant laquelle il « n'est pas de mémoire d'homme qu'il en ait existé une « autre (25) ; enfin, même en admettant la vérité de ce

(24) L'Abbé J.-B. Imberti fut curé de Menton de 1631 à 1695. C'était un digne ecclésiastique qui laissa dans le pays une haute réputation de sainteté. Il obtint de résigner la cure, de son vivant, à l'abbé Jean-Onuphre Imberti, son neveu. Celui-ci fut curé de Menton de 1695 à 1731, et il eut également son neveu Horace-Michel pour successeur de 1731 à 1781 ; de sorte que la chaire paroissiale de Menton fut occupée sans interruption pendant 130 ans par trois membres de la même famille.

(25) Ceci est inexact. Sans compter celle de Pépin, nous connaissons trois époques à l'église paroissiale de Menton. La première remonte pour le moins à 1311, comme nous avons vu. Il est surprenant que les Prêtres de la Congrégation paraissent l'ignorer. Cette paroisse, dédiée dès alors à St-Michel, était située dans la rue *Mattoni*, derrière l'ancien hôpital ; on en voit encore quelques traces, et elle servit jusque vers la moitié du quinzième siècle. La seconde, bâtie sur l'emplacement même de l'église actuelle, avait pour longueur la largeur de celle-ci ; son

« transport *de loco ad locum*, deux paroisses sont aussi
« malséantes à un seul curé que deux épouses à un
« seul homme. »

Le Prince décida la question en faveur du Curé ; nous
avons vu d'ailleurs que la tradition invoquée par celui-
ci se trouve conforme à l'histoire. Les prêtres de la Congrégation se contentèrent d'occuper la chapelle et les
chambres attenantes, saufs les droits paroissiaux ; ils
achevèrent leurs constructions vers 1703, et élurent pour
chef l'abbé Nicolas Capponi, qui prit le titre de Chapelain.
Son successeur, en 1747, fut l'abbé Fr. Ant. Fornari,
qui mourut à Pépin même, d'une attaque d'apoplexie,
en 1775.

La Congrégation des Prêtres de Pépin fut dissoute en
1793 ; les retraites religieuses cessèrent, et la chapelle
avec ses dépendances fut fermée et déclarée propriété
de la Nation.

L'heureuse pensée de rouvrir le Sanctuaire et de
ranimer l'antique dévotion des Mentonnais pour N.-D.
de l'Annonciade est due à Jérôme de Monléon, maire de
Menton, et père du maire actuel. Il acheta le local, le

entrée était du côté où est maintenant le clocher, et la chapelle
des Ames-du-Purgatoire était le maître-autel. Enfin, la paroisse
actuelle fut fondée en 1619 et achevée en 1653.

9 juin 1808, y fit les réparations rendues nécessaires par la vétusté, et obtint l'autorisation d'y établir le tombeau de sa famille (26).

VI.

La Révolution française avait fait fermer la chapelle de Pépin ; la Révolution italienne devait être la cause indirecte de son agrandissement, et tirer plus que jamais le modeste sanctuaire de son isolement.

On sait qu'en 1866 le Gouvernement Italien supprima les corporations religieuses et s'empara des biens des couvents. Quelques Pères capucins du couvent de Gênes, plutôt que de quitter l'habit de St-François, résolurent de chercher à l'Étranger un pays assez libéral pour leur permettre de continuer un genre de vie conforme à leur vocation, à leurs vœux et à leurs habitudes. On leur parla d'une sorte de petit couvent inhabité près de Menton ; ils s'adressèrent à l'Évêque,

(26) Il ouvrit ce tombeau, la première fois, en 1800, pour son père, Honoré de Monléon, ancien Gouverneur-général de la principauté de Monaco. Plus tard, il accorda le droit d'inhumation à son frère aîné, le Président Honoré de Monléon, à la fille unique de celui-ci, qui était ma mère, et à moi. Le propriétaire actuel a bien voulu étendre cette autorisation à ma famille.

au Curé, et les réponses furent satisfaisantes. M. Charles de Monléon, en sa double qualité de Maire et de propriétaire du local, s'empressa de favoriser l'installation des Religieux à Pépin, qu'il mit gratuitement à leur disposition. Pour ma part, rien ne pouvait me toucher plus profondément que la pensée qu'on prierait tous les jours sur la tombe de ma famille et sur la mienne.

Trois de ces Religieux arrivèrent à Menton le 23 mars 1867, s'établirent dès le lendemain à l'Annonciade, et furent bientôt suivis par trois autres (27).

(27) Trois couvents de l'ordre de Saint-François ont existé à Menton. — Dès 1482 le P. Martin de Bologne, Cordelier, fonda le couvent de Carnolès, à côté de l'Église que les Seigneurs de Monaco y avaient depuis longtemps fait bâtir. C'est là que mourut de la peste, en 1529, en allant de la petite chapelle de Saint-Ambroise à celle de Carnolès, le Bienheureux Thomas Schiavone, natif de la ville de Stridonia en Esclavonie. Ce saint homme, auquel on attribue plusieurs miracles, fut enseveli dans la même chapelle de Saint-Ambroise, dont les habitants de S. Remo vinrent le retirer furtivement quelque temps après pour le transporter dans l'Eglise des Cordeliers de cette dernière ville. Le procès pour sa béatification eut lieu en 1612. — Le couvent des Capucins remonte au 27 août 1617, jour où Nicolas Spinola, Evêque de Vintimille, sacra leur Eglise en présence du Prince Honoré II et de la Princesse. Les PP. Capucins l'occupèrent jusqu'en 1793 ; c'est aujourd'hui l'Oratoire des Pénitents noirs, et le couvent est converti en caserne. — Enfin, le 2 mai 1640, le même Prince Honoré II fit donation aux PP. Réformés, de l'Église de la Madone et du jardin de Carnolès, apparemment abandonnés depuis plusieurs années par les Cordeliers ; ils bâtirent le Couvent, aujourd'hui converti en maison de plaisance, et l'occupèrent également jusqu'en 1793.

L'accueil qu'ils reçurent de la population, et l'affluence chaque jour plus nombreuse des Mentonnais ne tardèrent pas à démontrer l'insuffisance de la chapelle, qui se trouva bien souvent trop étroite pour les contenir. N'ayant jamais été destinée au clergé régulier, elle manquait en outre d'un chœur, indispensable à des moines pour réciter leurs offices.

Le R. P. Andrea de Varazze, envoyé comme Supérieur, conçut le projet d'un agrandissement. La haute piété, le zèle intelligent et l'infatigable activité de ce Religieux, aidé de ses deux confrères, ne peuvent former ici le sujet d'un éloge que leur modestie ne me pardonnerait pas. Armé de sa confiance et de sa foi bien plus que de secours dont les espérances n'atteignaient pas la moitié de la somme nécessaire, le P. Andrea se fit en même temps l'initiateur, l'architecte, le quêteur et l'ouvrier de son entreprise, et mit immédiatement la main à l'œuvre. Il s'agit de doubler la longueur de l'Eglise, en reculant le maître-autel (sous lequel il y aura une crypte ou chapelle souterraine), d'établir un chœur assez vaste au fond, et de pratiquer deux enfoncements latéraux formant la croix grecque, ce qui entraîne le complément de diverses pièces nouvelles, nécessaires au noviciat qu'on espère y fonder, et y loger de quinze à vingt personnes. La première pierre, bénie par M. le Curé, fut posée le 20 octobre par M. Charles de Monléon et par celui qui écrit ces lignes.

Aux approches de l'hiver, le retour de la nombreuse colonie étrangère qui choisit Menton pour résidence pendant la mauvaise saison, ouvrit un nouveau champ aux espérances de secours. Auprès de ces étrangers le P. Andrea reprend son humble quête, en butte trop souvent aux mortifications de la part de ceux qui se demandent *à quoi servent les moines*, et dont l'intelligence, ne dépassant pas les utilités matérielles, ne peut saisir la sublime théorie des sacrifices et l'indispensable doctrine de la réversibilité. Malgré ces échecs, il ne manque pas de trouver des familles pieuses, ou simplement charitables, qui lui viennent en aide ; il n'est même pas rare de voir des Protestants apporter leurs offrandes, ce qui ne doit pas trop étonner. Loin de moi la pensée d'atténuer la gravité des divergences qui séparent les Catholiques des Protestants ; mais il faut constater que les plus sincères comme les plus clairvoyants parmi ces derniers, quoique les moins nombreux, comprennent aujourd'hui que la vieille lutte entre le Catholicisme et la Réforme a beaucoup perdu de son opportunité, et que c'est bien plutôt à l'antagonisme des Chrétiens et des *libres-penseurs* qu'appartient désormais le triste mérite de l'actualité. On peut même remarquer l'application de ces tendances à diverses questions politiques.

En attendant, les bons PP. Capucins poursuivent résolument les constructions commencées, qu'on espère terminer au printemps. Puisse leur courageuse entreprise être couronnée de succès ! Pour leur témoigner ma vénération et ma profonde sympathie, je leur consacre cette silhouette historique d'un endroit qui renferme, à mes yeux, tout ce qu'il y a de plus cher : le berceau de mon pays, les cendres de ma mère, et mes espérances chrétiennes d'outre-tombe.

Menton, le 31 décembre 1867.

HONORÉ ARDOINO.